HILBERGE L'AMAZONE, OU LES MONTÉNÉGRINS,

PANTOMIME EN TROIS ACTES,

A GRAND SPECTACLE.

(Par Cuvelier et Varez, d'après l'Annuaire dramatique de 1811

Musique arrangée par M. QUAISAIN,

Ballets de M. MILLOT.

Représentée pour la première fois sur le Théâtre de l'Ambigu-Comique, le jeudi 6 décembre 1810.

A PARIS,

Chez BARBA, Libraire, Pais-Royal, derrière le Théâtre Français N°. 51.

1810.

PERSONNAGES.	ACTEURS.
HILBERGE, princesse souveraine de Barri, surnommée l'Amazone.	Mlle. LEROY.
Le comte FIDESCO, un des premiers vasseaux de la princesse.	M. ADAM.
LAURA, jeune Tyrolienne, d'une famille noble mais pauvre.	Mlle. LOLOTTE.
CARLO, fils naturel de Laura et de Fidesco, âgé de 4 à 5 ans.	Mlle. HÉLOISE.
COELINI, premier page d'Hilberge.	Mlle. ADELAÏDE MILLOT.
FERINO, chefs des Monténégrins	M. STOKLEIT.
RUSCOLI, chefs des Monténégrins	M. MARTIN.
PETROSO, chefs des Monténégrins	M. FRANÇOIS.
BESTIOLO, jardinier du château.	M. MILLOT.
ANDRINA, sa future.	Mlle. ELISE.
TAPOLI, meunier père d'Andrina.	M. DELAPORTE.
SPELUNKA, paysanne, mère de Bestiolo.	Mlle. LAGRENOIS.
UN CONCIERGE,	M. DESROCHES.
UN CHEF des gardes de la princesse.	M. BARTHELEMY.
PAGES d'Hilberge.	
VILLAGEOIS,	
GARDES de la princesse.	
CHEVALIERS du parti du comte Fidesco.	
MONTÉNÉGRINS.	

La scène se passe auprès de Cattaro, en Dalmatie, et dans la chaîne de montagnes appelée Monténéro, au seizième siècle.

HILBERGE

L'AMAZONE.

ACTE PREMIER.

Le théâtre représente un jardin agréable décoré pour une fete : à gauche de l'acteur un siége élégamment orné ; à droite une vieille tour avec une porte de fer ; une fenêtre grillée et un beffroy contre la tour ; un arbre isolé, au pied duquel est un oranger et un banc de verdure. Au fond une balustrade à hauteur d'appui ; au-delà une chaîne de montagnes et la campagne.

La jeune et jolie Andrina achève le travail qui lui a été confié : elle attend Bestiolo son amant, s'impatiente, et cédant à sa lassitude, s'assied sur un banc et s'endort.

Bestiolo arrive, cherche sa bonne amie, l'apperçoit, et veut courir vers elle ; mais il s'arrête, et après quelques lasis, la réveille en laissant tomber lourdement une orange sur sa tête. Andrina se fâche, Bestiolo est à ses genoux, il demande son pardon qui lui est accordé.

Tapoli et tous les villageois arrivent : ils portent les noms d'Hilberge et de Fidesco tracés en fleurs ; Tapoli gronde Bestiolo ;

quand il s'agit de travailler, dit-il, ce n'est pas le moment de faire l'amour; mais il est bon père, quelques caresses l'ont bientôt appaisé; il promet d'unir les deux jeunes gens, mais à condition qu'ils seront plus diligens une autre fois. Les chiffres sont placés, et les bons villageois contemplent leur ouvrage.

Un bruit de cors se fait entendre, c'est la princesse, on se dispose à la recevoir.

Hilberge, surnommé l'Amazone à cause de sa passion pour la chasse et de ses goûts guerriers, entre en scène, précédée de ses pages, parmi lesquels se trouve le jeune Cœlini, et suivi de ses gardes; elle donne la main au comte Fidesco son amant. Le comte lui fait apercevoir les trophées d'amour élevés par ses vasseaux; Hilberge, enchantée de la galanterie de son amant, lui fait hommage de sa chasse; Fidesco enivré d'amour se jette aux pieds de la princesse, et lui fait serment de l'aimer toute sa vie.

En ce moment Laura, jeune tyrolienne, passait sur la montagne tenant un enfant par la main; Laura est d'une famille noble mais peu fortunée; Fidesco, en parcourant jadis le Tyrol, où il avait des possessions, a connu et aimé l'innocente Laura. Cette jeune fille, privée de ses parens, abandonnée à elle-même, et n'écoutant que son cœur, a cru aux promesses de Fidesco, et s'est livrée à lui toute entière; mais l'infidèle a volé à de nouvelles conquêtes, il ignore qu'il est père. Laura a conçu le projet d'obtenir de lui qu'il lui rende l'honneur, et qu'il donne un nom et un état à son fils. Ayant appris le séjour du comte au château d'Hilberge, elle vient présenter à Fidesco le fruit de sa faiblesse, réveiller en son cœur l'amour dont elle brûle encore, ou mourir à ses yeux. Quel moment pour elle? c'est à l'instant qu'il tombe aux aux genoux de sa rivale qu'elle apperçoit, et reconnaît celui qui la trahit!...

Fidesco et Hilberge voulant retourner au château afin de se préparer pour la fête, sortent avec toute leur suite.

Laura se soutenant à peine, et traînant après elle son malheureux enfant, est parvenu au pied de la montagne, elle entre dans les jardins; ses yeux se portent sur les chiffres d'Hilberge et de Fidesco; plus de doute, l'infortunée Laura est oubliée, elle ne peut supporter cette cruelle idée; elle tombe évanouie. Le petit Carlo prodigue à sa mère les plus tendres soins, il est secondé par le jeune Cœlini témoin de cette scène; il est surpris de voir une femme dans ces jardins; vivement ému par la position où elle se trouve, il se porte à la secourir. Laura profitant de ses bonnes dispositions, demande à voir Fidesco, Cœlini s'engage à l'amener, et court le chercher.

Laura veut émouvoir son cœur peu à peu;

elle fait cacher son fils, et pense que sa vue suffira pour ramener son amant infidèle.

Il paraît surpris à la vue de la jeune tyrolienne, c'est en vain que Laura cherche à lire dans ses yeux ce qui se passe dans son cœur. Fidesco affecte la froideur, il déclare ne pouvoir rien faire pour Laura, et s'apprête à sortir. Laura lui montre son fils, et tous deux se jettent à ses genoux. Fidesco embarrassé, offre de l'or que Laura refuse ; il détache sa chaîne enrichie de diamans, et la passe au cou de l'enfant, et repoussant Laura il s'échappe, et disparaît.

La mère de Carlo, indigné de la conduite de son séducteur, ne consent à quitter le château que pour y revenir bientôt tenter un dernier effort sur le cœur de son amant ; ou, s'il persiste dans son ingratitude, déclarer hautement à Hilberge elle-même qu'il est le père de son fils ; elle sort guidée par Cœlini qui redoute pour elle un éclat.

Le cortège arrive, on prend place, et des danses nobles et gracieuses, commencent les plaisirs de cette journée.

Le son du triangle se fait entendre : on regarde, et Laura, sous le costume galant des paysans de son pays, parait sur la montagne ; elle est accompagnée de quelques tyroliens qui portent une espèce de lanterne magique en optique. Elle sait que les danses de son pays avaient des charmes pour *Fidesco* ;

elle se rappelle le plaisir que prenait son amant à la voir danser au milieu de ses jeunes compagnes ; elle espère, en lui offrant ce tableau, rappeler à son souvenir un temps bien heureux, et tout-à-la fois bien fatal pour elle.

Elle arrive devant Hilberge. Fidesco la reconnait, se trouble, mais Laura feint ne pas s'en apercevoir, et demande la permission de danser. Elle exécute avec les deux tyroliens un pas à la manière de son pays ; les villageois regardent l'optique en exprimant leur satisfaction. Hilberge cédant à leurs instances s'approche pour regarder ; au même instant le petit Carlo, en habit tyrolien, paraît sur le haut de la boëte ; Hilberge sourit ; on descend l'enfant ; Hilberge le caresse, mais en s'approchant de lui, elle reconnait à son col la chaîne et la médaille de Fidesco ; elle dissimule, et ordonne que la fête continue ; mais dès ce moment l'inquiétude se peint sur son visage ; elle examine tous les mouvemens de Fidesco et de Laura, et cherche à lire dans leurs yeux ce qu'elle tremble de savoir.

Bestiolo fait descendre des arbres une balançoire en fleurs qu'il prépare pour la fête, on y place l'enfant, on le balance tandis que les villageois et les nobles réunis exécutent une danse pittoresque avec des guirlandes.

Hilberge ne peut plus long-temps contenir sa jalousie ; elle fait cesser les divertissemens, donne une bourse à Laura, et lui ordonne de se retirer ; celle-ci voit que l'instant de s'expliquer ne peut plus être différé ; après s'en allant elle va perdre pour toujours son époux ; l'amour lui prête des forces, et elle ose déclarer à la princesse que celui qu'elle veut lier à son sort par des nœux éternels, que Fidesco enfin est le père de son fils ; étonnement, fureur concentrée d'Hilberge ; elle ordonne à Fidesco de faire un choix entre sa rivale et elle ; il hésite un moment, mais la vue de son fils, de cet estimable enfant qui est à ses genoux, le décide ; il embrasse Laura, et la nature triomphe. Hilberge veut faire arrêter Fidesco et sa rivale.

On entend au dehors des sons de cornet, bientôt Férino, Ruscoli, et Pétroso, chefs des Monténégrins, paraissent sur la montagne, la terreur et l'effroi précèdent ces hommes féroces et sauvages, ils sonnent de leurs cornets et les sons répétés de divers côtés, annoncent que des partis nombreux de Monténégrins sont dans les montagnes et prêts à combattre.

Hilberge envoie deux de ses officiers au devant eux, ils descendent sur la scène et sous le prétexte qu'ils ont à se plaindre d'Hilberge, ils viennent demander cent bourses d'or, déclarant qu'en cas de refus ils mettront le château au pillage ; la valeur guerrière d'Hilberge se réveille, elle méprise une telle menace et chasse de sa présence les audacieux Monténégrins. Le comte Fidesco, oubliant pour un instant les procédés d'Hilberge, lui offre son bras pour la défendre. La vieille tour du beffroi servira d'azile pendant le combat aux objets de son amour. Hilberge, elle-même lui donne la clef de la tour, Laura et le petit Carlo y sont mis en sûreté. Les chevalier jurent de défendre Hilberge, et Fidesco se mettant à leur tête, tous volent au devant de farouches ennemis qui les menacent.

Les Monténégrins, entrent en foule sur le montagnes, les troupes d'Hilberge sont repoussées; mêlée générale et combats particuliers. Fidesco, ramène bientôt la victoire sous la bannière de la princesse; emporté par son courage il poursuit les Monténégrins jusques dans leurs montagnes.

Férino, Ruscoli et Pétroso, entrent en scène en se battant contre des officiers d'Hilberge, ils vont être immolés, Hilberge paraît, suspend le coup qui va les frapper, leur fait rendre leurs armes et leur offre une grosse bourse pleine d'or : Les Monténégrins surpris ne savent à quoi imputer une telle générosité; Hilberge va bientôt leur faire connaître ses criminelles intentions; elle leur ordonne de s'emparer de Laura et de son fils et de les emmener avec eux, à ce prix ils obtiendront la vie et la liberté. Cet ordre barbare s'exécute, Laura et son fils sont entraînés malgr leurs cris. Hilberge est présente à cet enlèvement et sa joie, qu'elle ne peut contenir, annonce toute la noirceur de son caractère.

Fidesco revient victorieux ; sa première pensée est pour Laura et son fils. Hilberge l'invite à entrer dans la tour ; a peine à-t-il franchi le seuil de la porte, qu'on la referme sur lui, il paraît bientôt à la fenêtre grillée ; mais c'est pour voir sur la montagne Laura et son fils entraînés par les Monténégrins.

Dans cette situation terrible, le jeune Cœlini est le seul qui prenne intérêt à son sort. Cœlini n'a pu voir sans chagrins les larmes de Laura, les refus de Fidesco, mais lorsque le comte cédant aux mouvements de son cœur a volé dans les bras de la jeune tyrolienne, Cœlini a rendu toute son amitié à Fidesco et sais secrètement promis de faire tout pour servir ce jeune prince, par les soins duquel il a été élevée et placé auprès de la princesse.

Fidesco enfermé et toujours à la grille par laquelle sa prison reçoit de l'air, demande des secours à Cœlini, le petit page se désespère de ne pouvoir lui être utile, il monte sur un arbre et méprisant tous dangers, il s'avance sur une branche flexible, pour s'approcher autant que possible de celui qu'il veut consoler. Tandis qu'il est dans cette position, le concierge arrive, apportant à Fidesco des provisions. Il fait nuit, le Rustre s'éclaire de sa lanterne, il approche de la tour, met la clef dans la serrure ; Fidesco jette à travers ses barreaux une bourse pleine d'or ; à ce bruit, le concierge se retourne, cherche ce qui a pu causer le cliquetis qu'il a entendu, apperçoit la bourse, la ramasse et reste fort étonné de cette trouvaille; pendant ce temps, Cœlini est descendu de l'arbre, a ouvert la porte à Fidesco, ils sont déjà hors du jardin, lorsque le geolier, revenu de sa surprise, s'apperçoit que la porte est ouverte, il entre; plus de prisonnier, il parcourt la scène avec inquiétude et double l'allarme en sonnant la cloche du beffroi.

Les gardes arrivent de tous côtés, Fisdesco et le page paraissent sur la montagne et trouvent le moyen d'esquiver ces divers pelotons qu'ils rencontrent.

Filberge arrive, apprend la fuite de Fidesco, menace le concierge et apercoit son amant au sommet des montagnes; la fureur, la jalousie, le desir de la vengeance, agitent tour-à-tour son âme; elle repousse les bons villageois qui la supplie de se calmer. Elle ordonne qu'on se mettre à la poursuite des fugitifs, il se fait un mouvement rapide et général, pour obéir aux ordre de la princesse.

Fin du premier Acte.

ACTE II.

Le théâtre représente une chambre rustique, à droite de l'acteur une cheminée, un fourneau et tous les accessoires nécessaires, à droite une petite table sur laquelle est une lampe allumée, du même côté, un plan plus haut, un escalier montant à une chambre voisine. Au fond une huche ayant un tiroir, sur la huche des verres, des assiettes, une nappe, une cruche de vin.)

La vieille Spélunka, assise près de la table, travaille à la lueur de sa lampe, elle a préparé un petit repas pour Tapoli, Andrina sa belle fille future, et son fils Bestiolo. Tapoli arrive, elle lui fait voir les apprêts du souper et tous deux se réjouissent.

L'heure sonne, les deux amans arrivent, l'accueil est amical, Spélunka donne un anneau à son fils pour qu'il le mettre au doigt d'Andrina. Les vieux parens unissent les jeunes amans.

On met le couvert et l'on se place à table.

Bientôt on frappe. C'est Cœlini et Fidesco, ils sont en fuite ils demandent un asile pour passer la nuit. Reconnus par les bonnes gens, ils sont accueillis avec cordialité; on leur offre des rafraichissemens.

On entend du bruit, Tapoli sort un instant

et entre bientôt, en annoncant qu'Hilberge et ses chevaliers viennent de ce côté. Où cacher les deux fugitifs ? Faut-il les abandonner à la fureur de l'Amazone. On propose aux fugitifs de changer de vêtemens, la proposition est acceptée, Fidesco reçoit des habits de paysans, et Cœlini des vètemens de jeune villageoise, ils se retirent précipitamment dans une chambre voisine pour procéder à ce travestissement.

Hilberge arrive, suivie de ses chevaliers, elle questionne les payans, ils assurent n'avoir vu personne, et ordonne à ses hommes d'armes de faire des recherches. Lorsqu'ils sont sortis elle ferme la porte de la chaumière met la clef dans sa ceinture, va s'aseoir près de la table, prend ses tablettes et trace un ordre pour le chef de ses gardes.

Fisdesco et Cœlini déguisés sortent de la chambre et paraissent au haut de l'escalier, Andrina et Spélunka, qui sont restés au fond, leur montrant la princesse en lui indiquant le danger de leur position; ce malin page ne connaît point de danger, lorsqu'il s'agit de sauver son ami; il descend avec précaution, prend un couteau sur la huche, fait sauter les vis de la serrure, ouvre la porte, appelle Fidesco et tous sortent sans être apperçu de la redoutable Amazone.

Spélunka et Andrina, se félicitent de la réussite de ce stratagême; Mais des coups de feux se font entendre. Tapoli est ramené par les gardes de la duchesse qui annoncent qu'un paysan et une jeune fille viennent de sortir de la chaumière et qu'on a fait feu sur eux, sans les atteindre, et qu'il ont pris la fuite. Hilberge interroge, menace ; on cherche partout. Bestiolo, qui s'est caché dans la huche est bientôt découvert. On trouve près de lui, les habits de Fidesco, plus de doute c'est lui qui vient de s'échapper aux recherches de la princesse. Hilberge est furieuse, les paysans demandent leur grace. Elle sort suivie de ses gardes en les menacant de sa vengeance.

(Le théâtre change et représente un site sauvage dans le Monténero, dans le fond un vieux château avec une tour isolée, offrent vers le public une porte de fer surmontée d'une lucarne grillée : On entre dans le château par une herse qui se lève. En avant sont des ruines.)

Au changement, des Monténégrins sont au bivouac sur la montagne, où ils ont allumé un feu en attendant leurs camarades ; un son de cor donné par un monténégrin en faction sur la partie la plus élévée de la ruine, annonce qu'on approche ; en effet Férino et les siens arrivent. On pose Laura sur un banc et le petit Carlo près de sa mère, lui prodigue d'inutiles consolations.

Férino fait voir aux siens la bourse qu'il a reçu pour prix de l'enlèvement de Laura. Des Monténégrins marque leur joie.

Hilberge arrive, elle ordonne que Laura soit conduite dans l'intérieur des ruines. On lui arrache son enfant, on l'entraîne ; la sensible Laura ne peut se séparer de l'objet de son amour, elle se livre elle-même à ses persécuteurs. Hilberge, suivie de ses gardes et des Monténégrins, entrent dans la ruine et la herse de fer se referme sur eux.

Le comte Fidesco, et Cœlini déguisés en paysans, dans les montagnes, sont à la recherche de Laura ; mais rien n'annonce que les ruines sont habiter, ils perdent tout espoir et se disposent à quitter ce lieu sauvage, lorsque le petit Carlo paraît sur le haut de la tour et indique au comte que sa mère est séparée de lui et enfermée dans la chambre, dont la fenêtre grillée fait face au public. En effet on apperçoit à travers les barreaux l'infortunée Laura, faisant de vains efforts pour se réunir à son amant, Fidesco veut briser la herse, mais inutilement, son désespoir est à son comble.

On entend du bruit, la porte de la tour s'ouvre, Cœlini fait cacher Fidesco et se propose à l'aide de son déguisement, qui lui donne l'apparence d'une jeune paysanne, de servir ceux auxquels il a voué son existence.

Ruscoli sort de la tour avec quelques gardes, qui forment des patrouilles, pour éclairer les environs, par ordre de la princesse. Ruscoli, déjà entre deux vins, est resté seul, referme la porte de la tour et vient s'asseoir sur une pierre près des ruines, en avant ; il allume sa pipe, prend sa gourde et se dispose à attendre le retour de ses camarades. Cœlini profite de son déguisement et de l'état dans lequel il voit Ruscoli, et feint d'avoir égaré quelque chose, il est remarqué par le monténégrin qui le prend pour une jeune paysanne, l'attire à lui, le fait asseoir à ses côtés et lui offre à boire. Cœlini qui a vu la clef de la tour sur les ruines à côté de l'ivrogne, et qui veut tâcher de s'en emparer, feint de se prêter à ses desirs, espérant trouver l'instant favorable. En effet, en buvant avec lui il prend adroitement la clef et la passe à Fidesco. Celui-ci, court à la tour, ouvre la porte et fait sortir Laura ; mais Carlo n'est pas avec elle, séparée de sa mère, il ne peut profiter de la circonstance qui lui rend la liberté. Laura et Fidesco se cachent dans les ruines du petit édifice, et attendent qu'un second hasard leur fournisse l'occasion de délivrer Carlo.

Ruscoli, s'est grisé, il tombe bientôt mort ivre et s'endort.

Cœlini s'empare de son manteau, se couvre la tête de son bonnet, feint l'état d'ivresse habituel au chef des Monténégrins ; et se fait passer aux yeux d'une patrouille qui rentrent au château pour Ruscoli lui-même, il est favorisé par l'obscurité. Les Monténégrins, surpris par cette adresse le font entrer dans le château et referment la herse avec soin.

A peine Cœlini, est-il dans l'intérieur qu'il se débarrasse de son manteau, pénètre dans la tour, parait sur la plate forme, tenant le petit Carlo par la main, le suspend à sa ceinture et le descend à Fidesco et à Laura, qui le pressent dans leurs bras et le couvrent de baisers.

Cœlini veut lui-même sortir de ce repaire, il attache la même ceinture aux creneaux et cherche à descendre ; mais la ceinture trop faible pour ce grand poids, se brise ; le malheureux jeune homme tombe dans les ruines. Fidesco et Laura qui ont suivis ses mouvements, jettent un cri l'effroi.

A ce bruit l'allarme se répand parmi les Monténégrins, le tocsin, la trompette et le bruit du tambour retentissent dans les ruines ; Hilberge paraît, Ruscoli s'éveille et ne peut justifier sa négligence ; le bruit du tonnerre et les éclats de la foudre se font entendre. Les Monténégrins, armés de flambeaux parcourent la scène, et cherchent leurs victimes. Fidesco et Laura et le petit Carlo, cachés dans les ruines, respirent à peine ; Hilberge porte ses yeux de ce côté, et ordonne à Férino de sonder ces ruines. Déjà la lueur du flambeau est prêt d'éclairer ce groupe intéressant, lorsque Carlo passant rapidement sa tête à travers les débris, souffle la lumière qui va faire découvrir les auteurs de ses jours.

Des cris plaintifs se font entendre, Cœlini est apperçu dans le précipice qui se trouve au pied de la tour, on parvient à l'en retirer, il est amené devant Hilberge, qui le reconnaît.

Elle le menace de la mort, s'il ne découvre la retraite des fugitifs ; Cœlini revenu de l'étourdissement occasionné par sa chûte, ne perd pas l'espérance de les sauver, en les appercevant dans l'endroit où ils sont cachés. Il demande une réponse à la fière maîtresse, en lui faisant la fausse confidence que ses ennemis ont pris le chemin de la montagne.

Hilberge donne ses ordres aux divers pelotons qui se dispersent : elle est restée seule avec quelques chefs, et Cœlini. L'adroit jeune homme a profité de ce moment, il racourt vers son âme Fidesco. Tous deux, en venant à la recherche de Laura, s'étaiet armés de pistolets : ils saisissent l'instant favorable ; s'élancent hors des ruines, et présentent brusquement leurs armes à l'Amazone et à leurs satellites ; ceux-ci reculent : les amans, le page et Carlo regagnent les montagnes. Hilberge est dans toute sa fureur : le tonnerre éclate, des éclairs prolongés et brillans sillonnent la nue. Profitant de ce désordre de la nature qui imprime la terreur dans l'âme de leurs farouches adversaires, les amans persécutés et le page présentent de nouveau les bouts de leurs pistolets. Les Monténégrins n'ont point d'armes à feu ; craignant tout du désespoir de Fidesco, qui menace de la mort la princesse, ils restent dessinés, formant divers groupes de terreur. L'intrépide Hilberge elle-même perd courage ; elle est renversée sur les ruines, et ces victimes intéressantes échappent à la faveur de l'orage et de la nuit.

Fin du second Acte.

ACTE III.

Le théâtre représente une forêt ; à gauche, l'entrée de la chapelle du village ; à droite, la maison de Spaluuka.

Bestiolo et Andrina vont être mariés, le cortège sort de la maison pour se rendre à la chapelle ; on voit Tapoli et Spélunka en habit de fête ; le marié paré d'un gros bouquet ; la mariée rougissant et souriant tour à tour ; les parens, les amis les accompagnent ; le cortège traverse le théâtre, puis entre dans la chapelle.

Ferino et Petroso, à la tête d'un peloton de monténégrins, sont à la poursuite des fugitifs, ils arrêtent le bedeau, l'interrogent sur les personnages qu'ils venaient d'appercevoir ; mais lorsqu'ils apprenent qu'il s'agit d'un mariage, ils continuent leurs recherches.

La noce sort de la chapelle, Andrina a reçu la foi de Bestiolo; la joie la plus vive se lit sur tous les visages; des tables sont dressées; les musiciens, montés sur un banc de pierre, font raisonner leurs instrumens champêtres; on boit, on danse, et tous les convives réunis posent la couronne virginale sur la tête d'Andrina.

En ce moment, on entend du bruit : Cœlini arrive et annonce que le comte Fidesco, Laura et son fils marchent sur ses pas; ils entrent et marchent avec peine; Laura, dont les forces sont épuisées, tombe évanoie; on s'empresse autour d'elle, on lui prodigue des secours, tandis que les paysans sont grouppés près de ces infortunés. Ferino paraît, aperçoit les fugitifs, monte sur un arbre et observe toute la scène suivante.

Laura n'est point insensible aux soins qu'on lui prodigue; elle revient à elle, et remercie les villageois; mais d'autres dangers se préparent pour elle, Hilberge, la jalouse Hilberge est à sa poursuite; elle vien; d'être aperçue à travers les arbres de la forêt. Qui faire? Le costume villageois dont Laura est revêtu la protège; elle se cache dans la foule des jeunes paysannes; Fidesco se blotit sous le banc de pierre qui servait d'estrade aux musiciens; reste le petit Carlos. Bestiolo crêve l'instrument dont il se servait pour animer la danse et cache l'enfant dans le tambourin; Cœlini est sorti pour chercher des secours, Hilberge arrive, elle interroge les paysans; ils déclarent n'avoir pas vu ceux qu'elle cherche. Bestiolo lui donne une fousse indication; elle s'apprête à sortir, lorsque Ferino, qui a tout vu, descend de l'arbre, et lui fait découvrir ceux qu'elle cherche. Hilberge triomphe, ses gardes secondent ses barbares desseins, et le pistolet à la main, on force Fidesco, Laura et son fils à se séparer de leurs généreux défenseurs. Les villageois supplient inutilement : il faut céder à la force.

La douleur et les larmes remplacent la joie et les plaisirs ; c'est inutilement qu'on propose de continuer la fête ; la scène qui vient de se passer a trop vivement affectés ces bons paysans.

Cœlini arrive, apprend l'arrestation de ceux auxquels il a dévoué ses jours, et ranime le courage des villageois ; il faut délivrer le comte, il faut punir Hilberge de sa déloyauté ; on s'arme, on se promet de vaincre, et, guidé par le petit page, tout le monde sort.

Le théâtre change et représente une salle du câteau d'utlberge ; à droite de l'acteur, une porte au-dessus de laquelle est une croisée ; du même côté, une table et un siége ; à gauche, un pillier.

Hilberge est décidée à tenter un dernier effort sur le cœur du comte ; si elle ne réussit pas, sa fureur n'aura plus de bornes, et sa vengeance sera terrible.

Elle fait apporter, d'un côté, un écrin rempli de diamans, que l'on pose sur la table ; de l'autre, des chaînes bien pesantes, qui sont attachées au pillier. Elle donne l'ordre d'introduire Fidesco ; le comte paraît, il est enchaîné ; ses fers sont détachés par Hilberge elle-même. Elle semble avoir oublié son odieux caractère et reprendre des sentimens plus humains.

Fidesco ne conçoit pas le motif qui peut porter la princesse à lui rendre sa liberté ; cependant, il se dispose à en profiter pour rejoindre Eaura ; mais Hilberge a d'autres projets : Laura et son fils sont amenés par ses ordres. La fière Amazonne propose à Laura des richesse immenses, si elle veut renoncer à la main de Fidesco, ou la captivité, si elle persiste dans son amour.

Laura n'hésite pas un instant : Fidesco ou la mort ; telle est sa réponse.

La barbare Hilberge appèle ses gardes ; une trape se lève ; un caveau est ouvert ; on y fait descendre Laura et son fils ; la trape se referme sur ces infortunés.

Le comte Fidesco enchaîne au pilier fait d'inutiles efforts pour se débarrasser de ses fers ; reste seul ; il se livre à toute sa douleur, lorsque Cœlini parait à la croisée. Il saute dans la chambre ; il veut briser les fers du comte ; peut-être réussira-t-il ; mais Buseoli, qui a vu Cœlini s'introduire dans cette salle, l'a suivi, et paraît à son tour à la fenêtre ; il entre, menace ; Cœlini le prie, l'intéresse, bientôt on fait sonner une bourse. Fidesco lui présente une bague et une chaîne d'or. La rigidité du Monténégrains disparait ; il consent à les servir ; il brise les fers du comte ; tous trois ils assayent de lever la trape fermée sur Laura. Inutiles efforts, elle est trop bien fermée. On entend du bruit, il faut fuir ; Fidesco ne veut point abandonner son épouse et son fils, mais Cœlini et Ruscoli l'entraine.

C'est Hilberge qui parait ; quel est son étonnement ; la voyant son prisonnier échappe ; elle appelle ses satellites ; elle ordonne de courir sur ses traces. Elle fait sortir Laura et Carlos du souterrain, et les force à venir avec elle, si Fidesco n'est point retrouvé, il cherche à armer ses chevaliers ; et à combattre comme elle a lieu de le craindre, c'est sur ces innocentes victimes qu'elles assouvira sa vengeance.

Le théâtre change et représente un lit sauvage et pittoresque. Dans le fond une souche de rochers : de laquelle s'échauppe un torrent qui vient plus bas faire tourner la roue du moulin de Tapoli ; en avant l'entrée d'une d'une grotte et plusieurs bancs de verdure. On arrive à la porte du moulin par quelque marche.

Cœlini a visité les chevaliers vassaux de la princesse ; il a peint avec chaleur la conduite déloyale d'Hilberge envers leur chef le comte de Fideico ; Il leur a fait remarquer la protection quelle accorde aux féroces Monténégrains, qui portent l'épouvantent, et la mort dans cette partie de l'Italie ; l'éloquence du jeune page a réveillé le courage de ces vaillans gueeriers ; ils ont promis de faire cause commune avec le comte Fidesco ; de lui fournir des secours, et plusieurs d'entr'eux sont venus au rendez-vous indiqué par Cœlini. Ils sont au bord du torrent devant la maison de Tapoli ; ils s'unissent par serment au comte, et jurent de punir Hilberge.

Fideseo a choisi pour ses couleurs, eu signe de vengeance une plume rouge : chaque chevalier fédéré reçoit cette plume, et l'attache à son casque ; on la distribue aux paysans, à Rascoli lui-même ; le comte, Fidesco conserve une plume blanche qui servira dans la vallée de point de ralliement.

Ses ordres sont de ce rendre au moulin à la nuit tombante pour y bivouaquer et attaquer le château de la déloyale suzeraine au petit poiut du jour.

Les chevaliers se dispersent, Ruscoli reste seul en védette.

L'amazonne arrive toute armée, avec Ferino et Petroso à la poursuite de son infidèle. La nuit commence à venir.

On découvre Ruscoli dans la grotte, la plume rouge le trahit ; on le menace, il avoue qu'il a reçu de l'or pour la nier. Fidesco est toujonrs prêt à se vendre au plus offrant ; il reçoit de la princesse une aigrette de diamans pour le trahir.

L'amazone voudrait sur-le-champ attaquer le moulin et, saisir le comte. Ruscoli l'arrête, lui parle du nombre de ses partisans, lui montre le danger, et lui persuade qu'il faut employer la ruse plutôt que la force. Voici son plan : Les troupes des chevaliers fédérés vont se réunir près du moulin ; Ferino, dont l'âme est intrépide, se cacha dans la grotte, et pendant la nuit, quand tous seront livrés au sommeil, Ruscoli, qu'on ne peut soupçonner, le conduira vers le comte qu'il frappera de son poignard : une fois le chef mort, la conjuration se trouvera détruite d'elle-même. Ce plan est approuvé, Ferino se glisse dans la grotte; heureusement Cœlini, caché près du moulin, a tout entendu, il se promet bien de déjouer cet affreux complot.

L'écho répète les sons de la trompette guerrière qui anuonce les chevaliers. Hilberge se retire pour rassembler les gardes, profite du désordre qu'occasionne la mort du comte, et tombe sur les adversaires surpris.

Les troupes de chevaliers, liés à Fidesco, se rassemblent ; ils sont remplis d'ardeur; dès que le jour paraîtra, ils marcheront pour délivrer Laura et son fils, et pour l'amazone de ses atrocités.

Tableau d'un bivouac. Tous sont endormis. Ruscoli seul veille pour commettre le crime, et Cœlini pour le prévenir.

Le premier pénètre dans la grotte pour chercher son complice ; le second profite de cet instant, réveille son maître, et lui apprend le danger qui le menace. Fidesco veut de suite faire mettre en pièce les assassins, le Page lui dit qu'il vaut mieux les prendre sur le fait pour donner à tous les chevaliers la couviction du crime d'Hilberg. Le comte y consent, reprend la place, et feint de sommeiller ainsi que le Page.

Les deux Monténegrins se cachent; ils sont prêts à frapper ; mais les chevaliers prévenus en secret par Cœlini, les [illegible]nt et [illegible] désarment.

Hilberge croyant le crime consommé, a donné le signal de l'attaque. Ses troupes réunies aux Monténegrins, paraissent sur les rochers ; mêlée, combat généraux et particuliers. La princesse est vaincue, mais elle ne perd pas l'espoir de se venger; elle entraîne sa rivale dans le moulin; Ruscoli fuyant en lâche, est tué par Bertiolo, au moment qu'il gravit les rochers.

Le comte a délivré son fils pendant le combat; il revient vainqueur à la tête de ses troupes. Mais un tableau épouvantable se présente à ses yeux, et le glace d'horreur; c'est la perfide amazone; elle a traîné Laura sur un rocher, et le fer à la main, elle la menace de lui donner la mort en présence de son époux et de son fils...

Qui peut sauver Laura de ce dernier danger: c'est encore le généreux pays; témoin de cette horrible action, il s'est glissé contre le mur du moulin; il arme ses pistolets, ajuste Hilberge, il fait feu... l'amazone est frappée; elle tombe, et roule avec ses ondes sous la roue du moulin.

Laura est délivrée, réuni à son fils et à son enfant, aux acclamations des guerriers et du peuple, accouru de toutes parts, et la Providence toujours juste, a permis après tant de malheurs, que le crime soit terrassé, et que la vertu reçoive sa récompeuse.

FIN.

www.ingramcontent.com/pod-product-compliance
Ingram Content Group UK Ltd.
Pitfield, Milton Keynes, MK11 3LW, UK
UKHW021041260726
13994UKWH00005B/2296